ÉTUDE

SUR

LA SITUATION ACTUELLE

PARIS. — IMP. VICTOR GOUPY, RUE GARANCIÈRE, 5.

ÉTUDE

SUR

LA SITUATION ACTUELLE

PAR

M. FRÉDÉRIC BORDE

Rédacteur de *l'Indépendant des Basses-Pyrénées*

« Rationem quo ea me cumque ducet sequar. »

(Ciceron, *Tusculanes*.)

« Toute humanité se divise nécessairement en trois époques :

« Ignorance sociale sur la réalité du droit et compressibilité de l'examen.

« Ignorance sociale sur la réalité du droit et incompressibilité de l'examen.

Connaissance sociale sur la réalité du droit. »

(Le baron de Colins, *Science sociale*.)

PARIS

E. DENTU, LIBRAIRE-ÉDITEUR

PALAIS-ROYAL, GALERIE D'ORLÉANS, 13

1874

PRÉFACE

À MADEMOISELLE DE COLINS, FILLE DU COLONEL BARON DE COLINS, AUTEUR DE LA *Science sociale*.

« Mademoiselle,

« Quelque temps avant de mourir, votre père, désormais mon maître bien-aimé, écrivait à Proudhon, en réponse à son ouvrage *De la Justice dans la Révolution et dans l'Église* :

« Vous-même, Monsieur, avez reconnu combien le doute, le doute négatif, le doute niant la possibilité de savoir si la sanction religieuse existe, combien ce doute est horrible, insupportable et dévore le cœur ; car, dans un de vos précédents ouvrages vous avez dit : « Que je recevrais avec amour, que j'embrasserais avec transport, cette consolante utopie (l'éternelle liaison des vies de chaque individualité, par l'éternelle harmonie entre la liberté des actions et la fatalité des événements), s'il était possible, je ne dis pas de m'en faire voir quelque chose, mais seulement de la rendre accessible à la raison ! »

— « Voir par la raison, les yeux de l'âme, c'est voir avec certitude. Voir par les yeux du corps, n'est jamais qu'une vue douteuse. Cette perception d'autres vies, nécessaire au bonheur de chacun, puisqu'elle est la base de l'ordre au sein de soi-même ; nécessaire au bonheur de tous, parce qu'elle est la base de l'ordre au sein de l'ensemble ; perception que les fausses lueurs de la théologie et de la philosophie vous avaient fait rejeter comme erreur, je viens de la rendre évidente à votre propre raison, sous la lumière céleste de l'incontestabilité. Veuillez la recevoir avec amour, l'embrasser avec transport! Qu'elle vous rende heureux, et je serai moi-même heureux de votre bonheur. »

« Ce bonheur offert à Proudhon par le baron de Colins, de son vivant, permettez moi de vous dire, mademoiselle, que je l'ai partagé après la lecture de la *Science sociale* et de la *Justice dans la Science hors l'Église et hors la Révolution*. Ce modeste opuscule est un hommage rendu aux mânes du savant martyr. Daignez l'accepter, mademoiselle, au nom de votre illustre père. »

Paris, 2 octobre 1874.

FRÉDÉRIC BORDE.

ÉTUDE

SUR LA SITUATION ACTUELLE

Nous marchons à une lutte suprême.

Un pressentiment vague, indéfini, s'étend sur l'Europe, l'attente de choses grandes et nouvelles maintient les esprits dans une incertitude et dans une anxiété étouffante. Dans ce mouvement intérieur, dans ce feu latent, revivent, s'agitent et s'efforcent de percer tous les germes qui ont été semés dans l'espace des siècles. Les appréhensions et les espérances se sont emparées du monde moral ; elles se propagent, en ce moment, dans des courants contraires avec la rapidité et la force du fluide électrique.

La guerre civile actuelle qui, depuis plus de deux ans, ravage l'Espagne ; où l'on voit successivement les cantonnalistes et les carlistes commettre les plus grandes atrocités au nom de la liberté et de la religion ; où la cause de l'ultramontanisme est tellement engagée que des prêtres eux-mêmes ne craignent pas de la défendre les armes à la main ; cette guerre serait-elle le prologue d'une immense tragédie ? Les publicistes, les philosophes, les hommes d'avant-garde, les audacieux qui, selon l'expression saisissante de M. Littré, aiment à se pencher sur les abîmes de la pensée, proclament tous que jamais le monde ne s'est trouvé dans une condition pareille ; que, jamais, sous d'unanimes aspirations de paix, n'a couvé guerre plus gigantesque. Si elle éclate, disent-ils, le monde entier sera renouvelé. L'Europe est au seuil d'une agitation religieuse sans égale. Le despotisme, la liberté, la conquête, l'indépendance, la barbarie, la civilisation, tout est en question, toutes les chances sont suspendues sur la tête de l'humanité. La tempête sera terrible ;

les résultats sont incertains. Le temps des religions serait-il enfin venu, et, de la lutte qui se prépare, les grands principes de la civilisation sortiront-ils vainqueurs ou vaincus?

Voilà ce que se demandent les hommes d'examen, les grands écrivains, les grands orateurs, les hommes d'État, les sommités intellectuelles, qui cherchent avec une persévérance infatigable la solution des problèmes sociaux. Eh bien ! essayons de poser les éléments d'un de ces problèmes ; tout problème bien posé est à moitié résolu.

I

Quel est le seul principe, le principe dominant de toute civilisation ?

— Le droit.

— Et quelle est la seule force de ce principe ?

— La communauté d'idées sur le droit.

— Et quelle est la seule base de cette force en présence de l'incompressibilité de l'examen, en présence de l'impossibilité sociale d'étouffer, de tuer ou de brûler les téméraires qui font crouler tout droit hypothétique sous les coups de pioche de la critique ?

— La connaissance rationnellement incontestable, la connaissance scientifique de la réalité du droit.

Quis intelligit hæc? comme disait Leibnitz ; *vel duo, vel nemo.*

Qui comprendra ceci ? ou bien deux ; ou peut-être pas un.

Voyons ! si nous serons un de ces deux-là.

II

Depuis l'origine de l'humanité et jusqu'à la découverte de Gutemberg, les plus forts dans la société ont imposé aux plus faibles une hypothèse quelconque, hypothèse qu'ils ont fait accepter aux plus faibles comme base du droit en s'emparant de l'éducation, en soumettant toute instruction à cette éducation ; et, en basant cet ensemble sur une inquisition, empêchant l'examen de l'hypothèse imposée. *L'ordre* a ainsi régné dans la société ; et, le *droit* a été essentiellement relatif à la force, c'est-à-dire n'a été que le droit de la force, que le droit des plus forts. — Nous appelons cette époque : époque de *compressibilité de l'examen*; époque pendant laquelle, la croyance, la foi en une hypothèse quelconque, a été la seule base possible d'ordre social.

Pendant toute cette époque, la foi étant basée sur une sanction religieuse hypothétique, et cette sanction ne pouvant devenir réelle vis-à-vis de la raison, qu'à la suite d'une démonstration scientifique, c'est-à-dire rationnellement incontestable, il est certain que, pendant toute cette époque, la société est non-seulement ignorante sur la réalité du droit, mais aussi sur la réalité de son éternelle sanction.

Donc, les deux traits distinctifs de cette époque sont : la compressibilité de l'examen et l'ignorance sociale sur la réalité du droit.

Développons cette première proposition.

III

Si nous examinons le cycle de l'histoire, où l'humanité, après avoir évolué de la famille à la tribu, s'est déjà constituée en nations, nous voyons pendant toute cette époque antérieure à l'avénement de Jésus, époque caractérisée par Zoroastre, Manou, Moïse dans l'antique Asie; Minos et Numa chez les premiers peuples policés du bassin Méditerranéen ; Sanchoniaton et Salomon chez les Chananéens; Homère et Hésiode dans l'Ionie et la Pélasgie encore héroïque; Khoung-fu-Tseu (1) et

(1) Confucius.

Lao-Tseu en Chine; Vyasa, Gotama, Kanada, Kapila et Patandjali dans l'Inde; Thalès, Pythagore, Socrate, Platon, Aristote, Epicure, Hérodote et Thucydide dans les trois Grèces; Lucrèce, Pline, Tite-Live et Tacite à Rome; nous voyons, dis-je, les législateurs de ces peuples leur imposer une base sociale, un droit social, sanctionné par une justice sociale qui est toujours une inquisition.

Et en effet, lorsque les « révolutionnaires » Socrate et Jésus, pour ne citer que ceux-là, attaquent la base sociale de la société antique, le polythéïsme, les tribunaux d'Athènes et de Jérusalem les font mettre à mort. Le « conservateur » Ponce Pilate, qui défend l'ordre social en Judée, fait crucifier le « révolutionnaire » Jésus.

C'était de justice sociale.

La justice sociale, dans la société antique, ne pouvait être que ce qu'elle est dans toutes les sociétés possibles; c'est-à-dire *l'expression de la nécessité sociale : l'ordre.* Et il était de droit et de justice de mettre à mort ceux qui chercheraient à renverser l'ordre, vie sociale. Mieux vaut la mort d'un individu et même de beaucoup d'individus que la mort de la société.

Mais cette base sociale n'est pas immuable; elle peut changer et elle change nécessairement, ainsi que nous l'allons voir.

Jésus, comme autre part Sakia-Mouni dans l'Inde avec lequel il a tant de ressemblance, fermait le cycle de la civilisation Gréco-Romaine. Au moment où il parut, mille ans de progrès rapides, depuis la découverte de l'écriture, s'étaient accomplis. Toutes les gloires de l'esprit humain avaient ensemble ou tour à tour illuminé les générations contemporaines des éclairs de génie ou des reflets éclatants des études savantes. Mais cette civilisation portait dans ses flancs une triple erreur sociale qui, longtemps base d'ordre, allait devenir une source intarissable d'anarchie que le christianisme seul pouvait mettre à sec. Aussi quand le monde romain, après s'être vautré, pendant les derniers siècles de son existence, dans la corruption et l'égoïsme, s'écroula de toutes parts, le scalpel chrétien avait mis ceci à nu : trente mille dieux siégeaient au capitole; un décret du Sénat avait donné toutes les femmes à César ; les esclaves étaient jetés dans les viviers des grands pour engraisser les murènes. A ce moment, on aurait vainement retourné le génie antique pour y trouver un seul souffle de vie, c'était un cadavre.

Dès lors, la doctrine du rabbi de Nazareth allait dominer le monde. Il avait mêlé, à beaucoup de rêveries orientales, quelques préceptes moraux que d'autres avaient enseignés depuis longtemps, mais que le galiléen sut revêtir d'une forme originale, symbolique et populaire, à laquelle son éloquence persuasive donnait une puissance d'entraînement irrésistible. Socialement, le christianisme *révolutionnaire* opposait au paganisme *conservateur* : l'unité d'un Dieu à la multiplicité des dieux, le *gloria victis* au *vœ victis* ; il constituait la famille sur de nouvelles bases, en enseignant le respect de la femme et en la relevant de son avilissant esclavage, par le culte si touchant de la Vierge; en les déclarant tous enfants de Dieu, il proclamait la fraternité entre les hommes. Après trois siècles de persécutions, après que des millions de martyrs eurent scellé de leur sang la foi nouvelle, le christianisme sortait vainqueur de la lutte. Le flot évangélique s'élevant des plébéiens aux patriciens et de ceux-ci à l'empire avait tout envahi ; et l'empereur Constantin, se déclarait le défenseur de la religion nouvelle en écrivant sur ses étendards : *in hoc signo vinces.*

Le christianisme cessait d'être révolutionnaire pour devenir conservateur.

Saisissez-vous bien ce phénomène social?... voyez-vous le jeu de ce mécanisme qui fait que les révolutionnaires de la veille deviennent nécessairement les conservateurs du lendemain?

Eh bien, ce phénomène va se renouveler.

A peine le monde barbare s'était-il installé sur les ruines de l'empire que déjà le catholicisme prenait la place de l'évangélisme. Cette religion qui n'avait par elle-même rien de commun avec la science, devait bientôt se faire savante. S'il est vrai de dire qu'elle repoussait le principe de la spéculation rationnelle comme source primordiale de toute vérité, il faut reconnaître qu'elle donnait la main à l'enseignement des philosophes grecs, puisqu'elle vulgarisait les spéculations de l'Orient sur l'origine des choses en se combinant d'un côté avec les scribes hébreux; et, de l'autre, avec les développements alexandrins du platonisme. Mais en faisant autant de dogmes sacrés de ce qui, jusqu'alors, n'avait été enseigné que comme des hypothèses, ou tout au plus des théories, cette religion mettait un terme au progrès des sciences et de la philosophie. Elle enfermait l'esprit si ingénieux des races occidentales dans un cercle d'où il ne pouvait plus sortir; elle en entravait les développements pour quinze siècles!.... N'était-ce pas là faire de l'inquisition?... N'était-ce pas là comprimer l'examen?

Voyez plutôt.

L'établissement des chefs de l'empire à Byzance, la Papauté s'élevant à Rome et n'aspirant plus nécessairement qu'à devenir une métropole pontificale; la défaite de l'arianisme, dernier retranchement de la philosophie grecque. — Voilà le triple signal de cette immense proscription de l'idée libre et progressive, mais révolutionnaire et par conséquent attentatoire à l'ordre social de cette époque.

Nous touchons aux croisades. Deux mondes vont se trouver en contact.

D'un côté, l'Asie où une ère de gloire philosophique et littéraire s'est ouverte dans l'Inde avec le règne de Vicramaditya et se continue sous l'impulsion nationale jusqu'à la conquête musulmane; où, de l'ère de Mahomet jusqu'à l'époque des croisades et depuis la Chine jusqu'à l'Afrique, une immense clarté a inondé l'Orient, projetant ses reflets jusque dans l'Espagne conquise par les Arabes. De l'autre côté, l'Europe, tout notre monde chrétien, perdu dans les obscurités barbares du système impérial auquel la féodalité s'est ajoutée plutôt que substituée. Eh bien, de ce contact, va naître un courant intellectuel qui, allant grandissant sans cesse, rendra de plus en plus difficile, et par conséquent de plus en plus atroce, la compression de l'examen.

Aussi pendant que des poëtes, comme Dante et l'Arioste, se montrent plus ou moins incrédules; que des conteurs, comme Boccace et Rabelais, cachent la liberté de leur critique sous la licence de leurs récits, que des savants sceptiques tels qu'un Erasme, un Montaigne, un Bayle, voilent habilement l'incrédulité téméraire de leur esprit sous de prudentes contradictions; les hérétiques philosophes et révolutionnaires comme Vanini, Telesio, Giordano Bruno, Campanella et tant d'autres, sont menacés du bûcher ou des cachots pour avoir répété gravement ce que leurs prédécesseurs avaient osé dire d'un ton léger.

Mais nous voici au quinzième siècle, l'heure de l'ébranlement universel a sonné à l'horloge du destin!

Tandis que Copernic, Colomb, Galilée, Keppler, Newton, révèlent le vrai système du monde, Bacon, Descartes, Leibnitz, Locke, ces intrépides pionniers, déblaient les routes nouvelles où ne tarderont pas à les suivre les audacieux de la pensée. L'art renaît en même temps dans toutes ses splendeurs, avec les grands peintres, les grands architectes, les musiciens qui élèvent l'âme par l'éducation et lui rendent le sentiment du beau, étouffé si longtemps par l'ascétisme chrétien. — Enfin Guttemberg, en découvrant l'imprimerie, assure l'indestructibilité de la pensée en même temps qu'il donne naissance à l'anarchie. L'époque de l'incompressibilité sociale de l'examen commence. C'est la deuxième période de l'humanité; désormais le désordre moral sera son état normal, parce que l'ignorance de la société n'aura pas cessé d'exister, et ce désordre ne disparaîtra que par l'intronisation de la science sociale établissant la réalité du droit et de son éternelle sanction.

Résumons cette première période humanitaire.

IV

Nous avons dit que dans tout commencement de société, les forts, personnifiés par les législateurs, imposaient aux faibles une hypothèse quelconque en s'emparant de l'éducation et de l'instruction, et en soumettant le tout à une inquisition.

Nous ne connaissons pas les législateurs de l'époque préhistorique, ni M. Littré non plus, probablement. — Citons en de plus récents.

« Si quelqu'un, dit Platon dans son livre des *lois*, se rend coupable d'impiété, soit en parole, soit en action, celui qui se trouvera présent s'y opposera, et le dénoncera aux magistrats. »

— Voilà tous les citoyens de la *République* transformés en inquisiteurs. Le fils dénoncera son père, et la femme son mari.

« Les premiers informés d'entre eux, continue Platon, citeront le coupable devant le tribunal établi par les lois pour prononcer sur cette sorte de crimes. Si un magistrat instruit du fait ne fait point ce qu'on vient de dire, il sera permis à quiconque de l'accuser lui-même d'impiété, et de venger la loi. »

— Voilà chaque individu établi en inquisiteur des inquisiteurs officiels.

« Les édiles, dit Tite-Live, sont chargés de veiller à ce qu'aucun Dieu ne soit reçu à Rome, s'il n'est romain et adoré à la romaine. »

Mais tout cela est particulier, voici qui est plus général :

« Vous ne trouverez pas, dit de Maistre, une seule nation, je ne dis pas chrétienne, je ne dis pas catholique, mais seulement policée, qui n'ait prononcé des peines capitales contre les atteintes graves portées à la religion. »

Et le même auteur dans ses *Mémoires sur les Chinois*, page 476, dit encore :

« On n'a jamais soupçonné en Europe que la Chine eût un tribunal d'inquisition pour maintenir la fermeté de la doctrine, de la croyance, de la morale de l'empire. Il est cependant très-ancien, très-rigoureux, et a fait couler plus de sang que tous ceux de l'Europe réunie. »

Comprenez-vous maintenant ce que c'est que la compressibilité sociale de l'examen ?

C'est, en dernière analyse :

1° La possibilité de s'emparer de l'éducation de tous, pour

faire accepter comme réel, un droit basé sur un anthropomorphisme quelconque ;

2° La possibilité d'établir une inquisition, pour soumettre toute instruction à l'éducation faisant accepter, socialement et individuellement un droit hypothétique comme réel.

Passons à la deuxième période humanitaire.

V

Cette compressibilité de l'examen est-elle socialement possible :

Lorsque la boussole a brisé les barrières océaniques qui pouvaient isoler les différentes civilisations ?

Lorsque la poudre à canon a rendu la domination, non plus le résultat des masses barbares, mais le résultat de la richesse, expression, en toute époque, des développements de l'intelligence, des développements du travail ?

Lorsque l'imprimerie rend inévitable l'examen des différentes religions, par ces mêmes religions qui tendent à prouver alternativement leur supériorité les unes sur les autres ; examen qui, en faisant ressortir l'absurdité des religions basées sur de pures hypothèses, les fait inévitablement toutes crouler ?

Lorsque la télégraphie électrique vient rendre Pékin aussi voisin de Paris, que Morlàas pouvait l'être de Pau, il y a cent cinquante ans ?

Prétendre qu'il est actuellement possible de comprimer l'examen ; c'est prétendre qu'il est possible d'éteindre le soleil. — Avis aux sophistes, appartenant à l'ordre des éteignoirs.

VI

La deuxième période humanitaire est ainsi formulée :

Ignorance sociale sur la réalité du droit et incompressibilité de l'examen résultant des développements de la presse.

Gutemberg, en faisant sa découverte, n'en avait pas calculé l'immense portée sociale ; il ne se doutait pas qu'il allait devenir le mécanicien d'un nouveau monde. En rendant la communication des idées plus facile, il avait assuré l'indépendance de la raison, laquelle en se développant devait bientôt acquérir plus de force que toutes les armées des potentats et que toutes les foudres des pontifes.

Avant l'invention de l'imprimerie, il était facile aux forts, au parti dominant, de faire disparaître en un jour les livres qui choquaient ses préjugés ou démasquaient ses impostures. La destruction d'un seul manuscrit était souvent pour une contrée une perte irréparable ; que dis-je pour une contrée ! c'est pour l'humanité qu'il faut dire ; — qui saura jamais la valeur des trésors intellectuels perdus dans l'incendie de la bibliothèque d'Alexandrie ? — Toutes les recherches qui ne peuvent acquérir d'importance que par leur réunion, les observations isolées, les perfectionnements de détails qui servent à maintenir les sciences au même niveau, qui en préparent le progrès, tous ces matériaux, dit Condorcet « que le temps amasse et qui attendent le génie, restaient condamnés à une éternelle obscurité. »

L'imprimerie, en conservant désormais tous ces matériaux, a en outre brisé, et ceci est infiniment plus grave, les liens politiques et religieux qui retenaient les peuples.

« En vain, continue Condorcet, l'un et l'autre despotisme — politique et religieux — aurait-il envahi toutes les écoles ; en vain aurait-il, par des institutions sévères, invariablement fixé de quelles erreurs il prescrivait d'infecter les esprits, desquelles vérités il ordonne de les préserver ; en vain les chaires consacrées à l'instruction morale des peuples, à celle de la jeunesse en philosophie et dans les sciences, seraient-elle condamnées à ne transmettre jamais qu'une doctrine favorable au maintien de cette double tyrannie, l'IMPRIMERIE peut encore répandre une lumière indépendante et pure. »

« Cette instruction, que chaque homme peut recevoir par les livres, dans le silence et la solitude, ne peut être universellement corrompue : il suffit qu'il existe un coin de terre libre où la presse puisse en charger ses feuilles. Comment dans cette multitude de livres divers, d'exemplaires d'un même livre, de réimpressions qui, en quelques instants, les multiplient de nouveau, pourra-t-on fermer assez exactement toutes les portes par lesquelles la vérité cherche à s'introduire ? »

Voyez-vous que l'imprimerie rend l'examen incompressible !

En effet, cette découverte est venue renverser et rendre impossible pour l'avenir toute transformation de la force en droit. En présence de l'ignorance sociale sur la réalité du droit, elle est venue implanter au sein de la société un germe d'anarchie qui, en se développant, a embrassé et embrassera bien davantage encore, le monde de toutes ses horreurs ; ce qui forcera l'humanité d'anéantir l'ignorance sociale sur la réalité du droit ou de voir les individus qui la composent s'égorger mutuellement jusqu'au dernier.

Cette dernière alternative est peu réjouissante, j'en conviens; et, parce qu'elle n'est pas réjouissante, beaucoup la nient ou y trouvent des palliatifs. Malheureux ! vous ne voulez pas voir le danger, ou si vous le voyez, vous pensez que l'arbitrage international tranchera toutes les difficultés. Pauvres gens, vous ressemblez à ces soldats peureux qui se cachent dans les buissons croyant se dérober au feu de l'ennemi ; les balles traversent le feuillage et les tuent.

Ne vaudrait-il pas mieux regarder en face « l'hydre de l'anarchie », étudier la marche du monstre, en calculer la vitesse et en dégager la formule ? Ce serait toujours autant de fait. — Dès lors, jetons un coup d'œil sur les trois derniers siècles.

VII

Au quinzième siècle, le moyen âge était bien mort.

Ébranlée par les croisades qui éloignaient ou affaiblissaient les seigneurs, minée par les attaques répétées de la royauté qui recouvrait le prestige et la puissance, débordée par le mouvement communal qui avait affranchi et relevé les populations urbaines, la féodalité était culbutée au quinzième siècle.

Au seizième siècle voici venir Luther.

Cinquante ans se sont à peine écoulés depuis la découverte de l'imprimerie, que déjà l'Europe, morcelée en souverainetés, essaie vainement de réunir ses tronçons épars pour les placer sous l'autorité papale, le temps des Grégoire VII est passé !.... Une grande fracture vient de se produire du Rhin jusqu'au Danube, c'est la moitié de l'Europe qui proteste contre le trafic des indulgences et se séparera de la cour romaine.

Dès lors, les peuples groupés en nations commencent à communiquer entre eux ; l'instruction se généralise et les richesses augmentent. Progrès de la politique, extension du commerce, premières navigations des Portugais et des Espagnols, découverte de l'Amérique, hardiesse des novateurs, tout cela montre que l'humanité cherche une nouvelle route.

VIII

Au traité de Westphalie, la grande unité catholique qui avait sauvé l'humanité, se trouve brisée. Les chefs du pouvoir temporel, les rois, les premiers des révolutionnaires s'affranchirent du pouvoir spirituel, personnifié dans le souverain pontife. Alors, tout droit, autre que la force, étant implicitement nié, les rois, les forts, voulant rester rois, voulant rester forts, cherchent à faire en sorte qu'un seul d'entre eux ne puisse devenir assez fort pour avaler les autres forts. — Ce nouveau moyen d'ordre fut nommé *équilibre européen.*

Ce moyen n'a pas empêché une foule de forts d'être avalés. Mais à mesure que des petits brochets sont engloutis par les gros, ceux-ci s'efforcent ensuite, et avec autant de succès, d'établir un nouvel équilibre. — C'est la mer à boire.

Jusqu'en 1789, les peuples furent considérés comme *choses*, comme chair à canon, ou comme chair à échange, ou comme chair à compensation. Mais depuis 1789, les forts ont eu à s'inquiéter, non-seulement de l'*équilibre* au sein des nations, mais aussi de l'équilibre au sein de chaque nation, où les masses se refusaient à être choses. L'obstacle à vaincre par l'équilibre européen, était donc l'*ambition*, et l'obstacle à vaincre, par chaque équilibre national, était la *révolution.*

La révolution menaçait chaque État.

La politique de chaque État consista donc à se garantir de l'ambition extérieure et de la révolution intérieure. C'était une complication diabolique.

Si, en 93, les forts s'étaient entendus pour étouffer la révolution en France, l'anarchie révolutionnaire eût été ajournée à cent ans. Mais l'équilibre européen vint s'opposer à cette entente cordiale, et la révolution fût sauvée.

En 1814 et 1815, les forts s'unirent en faveur de l'équilibre européen, détruit par Napoléon Ier. Pour vaincre le grand capitaine, les forts appelèrent la révolution à leur aide. L'empereur fut vaincu, mais la révolution triompha.

Tout cela c'était de l'équilibre instable, on le voit bien à tous ces coups de bascule.

Jusqu'en 1830, la féodalité nobiliaire avait suffi, tant bien que mal, pour venir en aide à l'équilibre européen. A cette époque, l'équilibre européen s'aperçut qu'il était trop faible pour s'opposer en même temps, et aux ambitions extérieures, et aux révolutions intérieures. L'équilibre européen appela à son aide la féodalité financière ; c'était appeler les corbeaux à partager la curée ; les corbeaux répondirent sur toute la rose des vents, et le congrès de la paix fut fondé.

Il s'agissait de sacrifier l'équilibre européen à la conservation de chaque équilibre national, de former une assurance mutuelle entre les forts, pour maintenir dans toute « l'Europe l'exploitation des masses, » au profit de la haute féodalité financière.

En d'autres termes, c'était le système de la paix à tout prix, digne pendant de l' « enrichissez-vous ! » et du mercantilisme cosmopolite.

M. Auguste Comte, disciple de Saint-Simon, grand-papa du positivisme et d'autres jolies choses en *isme*, est celui qui a le mieux exposé comment la féodalité financière devait être constituée pour réussir. Hélas! les ingrats ne l'ont pas compris... Et le congrès de la paix ne l'a même pas nommé une seule fois.

IX

Il faut avouer que la malheureuse féodalité financière avait de bien grandes difficultés à vaincre pour arriver à l'abêtissement cosmopolite des masses européennes, qui seul peut assurer son triomphe. Si, cependant, les masses étaient seules un obstacle, peut-être, avec sa paix des morts, parviendrait-elle à les tromper. Mais, il faut aussi qu'elle trompe les gouvernants, les souverains; et c'est moins facile que de tromper les masses.

Par exemple, le congrès de la paix des morts avait voulu faire croire, en 1850, à l'autocrate russe Nicolas, choisi pour arbitre entre l'Autriche et la Prusse, dans la question du Sleswig, qu'il devait se borner à écraser la Pologne, la Hongrie, le Caucase, etc., etc., qu'il devait enfin se contenter de recevoir une de ses médailles. L'autocrate russe s'était dit : j'ai déjà chez moi une douzaine de professeurs d'économie politique. L'empereur Napoléon, que mon père, comme un sot, a aidé à détrôner, affirmait hautement qu'il suffisait d'une douzaine de professeurs d'économie politique pour pulvériser une monarchie, fût-elle même de granit. — Toute ma noblesse est philosophe. Il se forme chez moi une bourgeoisie plus dangereuse encore qu'une noblesse philosophe. Et, si je ne vais point à Paris détruire la Révolution, la Révolution, avant vingt-cinq ans, viendra me détruire chez moi. Le congrès de la paix est un sot. J'aurai pour m'aider l'Autriche et la Prusse, et cela vaut mieux que tous les banquiers de l'Europe — s'ils ont de l'or, avec du fer nous le prendrons.

Ce raisonnement n'était pas mauvais. Mais l'Autriche et la Prusse avaient, et ont encore une effroyable peur de la Révolution. Elles préféraient rester neutres, afin d'aider au czar, s'il avait chance de réussite; et d'aider à le dépouiller s'il était le plus faible; — c'était dangereux, l'Autriche et la Prusse pouvaient fort bien être écrasées entre le czar et la Révolution.

Bref, le congrès s'est jeté aux pieds du czar, l'a prié au nom de l'humanité d'épargner le sang, c'est-à-dire la bourse du congrès. Le czar, très-humain, a renvoyé le congrès comblé de compliments, et le congrès est resté russe... jusqu'à la bourse.

Le Congrès sachant d'après son prince, l'illustre J. B. Say, « qu'il n'y a pas de mauvaise cause, en faveur de laquelle on ne puisse apporter quelque bonne raison » (1) a voulu persuader à l'Angleterre (question d'Orient) que son intérêt était de laisser prendre Constantinople par le czar, et qu'elle devait se borner à étouffer toutes les révolutions en Europe, fût-ce même en Pologne.

L'Angleterre a fait la grimace. Elle s'est imaginé que, Constantinople pris, Madras et Calcutta pourraient être en danger, que Nicolas pouvait se joindre à François, à Guillaume, à tous les saints possibles, pour détruire en Angleterre un système représentatif qui, aux yeux du czar, paraissait plus ou moins fécond en germes révolutionnaires. — L'Angleterre a même passablement maltraité le congrès, dans la personne de M. Cobden, son illustre représentant.

Le congrès de la paix se trouvait expirant lorsque le célèbre M. E. de Girardin essaya de le galvaniser avec l'assurance des écus contre les risques de la guerre, conductrice d'une pile anti-révolutionnaire.

Là-dessus, grand débat dans le monde politico-philosophique. La *Gazette de France*, qui représente le parti conservateur-borne, s'est fâchée tout rouge. Elle veut bien que la Révolution soit écrasée, mais seulement par le *droit divin*, et M. de Girardin voudrait l'écraser par le *droit matérialiste*, par une dictature décrétant, bon gré, mal gré, la réglementation des salaires et la suppression des armées permanentes. Ces messieurs savent parfaitement que la Révolution, en présence

(1) *Traité d'économie politique.*

de l'incompressibilité sociale de l'examen, ne peut être détruite que par le *droit réel, expression de la science, se substituant au droit de la force, expression de l'ignorance.* Mais chacun d'eux a mieux aimé voir vivre la révolution que de la voir détruite par un droit qui ne serait pas le sien. — Aussi, depuis, ils ont eu chacun des écailles, et la Révolution a continué de manger les huîtres.

X

Lord Palmerston disait le 31 mars 1854, devant le parlement d'Angleterre : « la question religieuse n'a rien de commun avec la grande question politique que l'Europe va régler. »

La situation actuelle donne un démenti formel aux paroles de l'homme d'État anglais. Ce n'est pas de l'Europe qu'il s'agit en ce moment, mais bien du monde entier. Un règlement exige d'ailleurs un régulateur personnel. Une multitude ne règle pas. Et, pour l'Europe, comme pour le monde, il n'y a de personnalité alors possible qu'un despote. Or, un despote, régnant sur l'Europe ou sur le monde, est un être chimérique en tout temps ; — voyez ce qui est arrivé à l'Empire d'Alexandre, à César, à Charlemagne, à Tamerlan, à Charles-Quint, à Louis XIV, à Napoléon. Quant à la grande question actuelle, elle est si peu indépendante de la question religieuse, que c'est seulement depuis que la foi dans les révélations a été détruite par le libre examen, que l'anarchie intellectuelle, au sein de l'Europe et au sein du monde, croît en raison directe et géométrique des développements de l'intelligence et des richesses et que cette anarchie ne cessera que par la solution complète de la question religieuse réelle, celle-ci en tant que souveraine, renfermant en elle-même la solution de la question politique.

Les faits ne parlent-ils pas assez d'eux-mêmes ? Voyez donc ce qui se passe en Europe depuis dix ans ? Est-ce que toutes les questions militaires, politiques, économiques, etc., ne tendent pas à être absorbées et complétement dominées par la question religieuse? — Il faudrait être aveugle pour le nier.

Depuis Luther, Calvin et les autres grands réformateurs du seizième siècle, jamais la guerre contre Rome souveraine n'a été aussi terrible que dans ces derniers temps, et cette fois encore des hommes appartenant au sacerdoce sont à la tête du mouvement.

La discorde est dans le sanctuaire; les hommes d'examen, les libres penseurs peuvent se croiser les bras et attendre patiemment.

Léon X fit perdre à l'Église la moitié de l'Europe par les scandales du trafic des indulgences.

Pie IX lui fera-t-il perdre l'autre moitié par la proclamation des deux dogmes de l'Immaculée-Conception et de l'infaillibilité papale?

En France, les dissentiments, schismes, hérésies, etc., survenus au sein du catholicisme depuis le commencement de ce siècle, datent tous de la *constitution civile du clergé*, votée par la Constituante le 12 juillet 1790, après des débats solennels.

Il y eut en France deux Églises:

L'Eglise assermentée composée des évêques et prêtres qui avaient accepté la constitution.

L'Eglise *insermentée* ou *réfractaire*, composée des évêques et prêtres qui avaient refusé le serment et repoussé la constitution civile du clergé.

XI

Les évêques et prêtres émigrés qui avaient tous refusé d'adhérer au concordat de 1801, rentrèrent en France après la chute de l'Empire, persuadés que Louis XVIII allait rétablir le clergé tel qu'il était avant 1789; plusieurs de ces évêques et anciens curés annonçaient aux populations des campagnes qu'on allait remettre la dîme sur toutes les propriétés et que les nobles exerçeraient leurs anciennes prérogatives.

Ils ne tardèrent pas à être désillusionnés; Louis XVIII était un prince plutôt voltairien que dévot. La Restauration laissa crier les nobles et les prêtres qu'elle comblait de faveurs sans pouvoir les contenter; — du moins, disaient les évêques revenus de l'émigration, abolissons le concordat de 1801.

La Restauration, pour contenter les entêtés entra en pourparlers avec Pie VII, par l'intermédiaire de l'ambassade de France à Rome. On arriva péniblement à la conclusion d'un nouveau concordat qui abrogeait celui de l'an IX, et remettait en vigueur le pacte conclu en 1516 entre François Ier et Léon X.

Ce concordat de 1817, bien que mort-né, puisqu'il ne fut pas même discuté par les Chambres, aviva au sein du clergé des luttes intestines qui s'apaisèrent bientôt, mais pour reprendre plus tard avec une extrême violence sous le règne de Louis-Philippe et pendant la République de 1848, à la suite de la révolte de Châtel, l'ex-aumônier de la garde royale.

XII

Suivons parallèlement le mouvement religieux de l'autre côté du Rhin. Nous y verrons que les querelles religieuses de France ne sont que jeux d'enfants à côté de celles-ci. L'Allemagne, patrie de Jean Huss, de Martin Luther, de Mélanchthon, etc., n'est pas, ainsi qu'on le croit généralement, la terre classique du libre examen; sous ce rapport, il y a beaucoup moins de liberté en Allemagne qu'en Angleterre et même qu'en France, devenue depuis quatre ans le camp retranché de l'ultramontanisme.

Les libres penseurs allemands se trouvent en présence de deux ennemis implacables et très-puissants :

Le jésuitisme dans les États catholiques;

Le piétisme dans les États protestants.

Le piétisme allemand fondé par Spéner, il y a plus de cent soixante ans, offre un caractère particulier qui tient à la nature même de la race germanique : dans l'Allemagne protestante, il est ce qu'est le jésuitisme dans l'Allemagne catholique. Si on le considère au point de vue politique, c'est le symbole de la réaction à outrance; aussi, même rage et même intolérance des deux côtés.

L'ancien piétisme, qu'on a tout à fait dénaturé dans ces derniers temps, voulait affranchir le protestantisme du joug clérical et du despotisme de la lettre écrite.

Au contraire, le piétisme moderne veut asservir le protestantisme au joug de la lettre écrite et au despotisme des plus grandes superstitions.

Le piétiste affecte de prononcer, à tout propos, les noms de Dieu, Jésus, Saint-Esprit, etc. Avant de se mettre à un travail quelconque, il fait une prière à haute voix.

Si vous lui dites :

— Il pleut, je vais prendre mon parapluie, il vous répondra:

— C'est très-bien, mais le vrai parapluie, le véritable protecteur, c'est Dieu...

Si vous lui faites observer que la bougie placée sur la table brûle ou ne brûle pas bien, il vous répondra :

— Dieu seul est la véritable lumière.

Hélas! Guillaume, empereur d'Allemagne et pape des piétistes, n'a-t-il pas bombardé nos villes, brûlé nos villages, rançonné et pillé nos campagnes, toujours au nom de Dieu!

Le piétisme, c'est le *sépulcre blanchi* dont il est parlé dans l'Évangile : tout est sacrifié à la forme, aux apparences ; le fond n'est qu'hypocrisie et orgueil.

A la cour de Prusse, le piétisme se trouve combiné avec le romantisme restauré par le prédécesseur du souverain actuel, Frédéric-Guillaume; il résulte de ce singulier mélange qu'on veut absolument faire revivre la féodalité et l'église du moyen-âge. L'empereur Guillaume, l'impératrice Augusta, le parti féodal, c'est-à-dire les anciens nobles et le clergé officiel sont tous piétistes.

Cependant, M. de Bismark a obtenu sur eux un petit triomphe, même à la chambre des seigneurs, dans les débats sur la question de l'inspection des écoles.

XIII

Des plus célèbres réformateurs allemands depuis cinquante ans, Jean Rouge et Dœllinger, sont les deux qui se sont fait le plus remarquer par la vigueur de leurs attaques contre la papauté.

Parmi les nombreux travaux publiés par Dœllinger, nous citerons *Origine du christianisme*, 2 volumes qui ont été traduits en français, et *la Réforme, son développement, ses efforts*.

En 1861, Dœllinger se prononce pour la séparation radicale de l'Église et de l'État; plusieurs brochures et mémoires qu'il publia à ce sujet prouvent clairement que cette séparation était chose bien arrêtée dans son esprit.

A la même époque, il émet sur le pouvoir temporel des papes des opinions qui produisent un grand scandale chez les catholiques allemands, et ont un grand succès auprès des protestants. Il ose dire, et qui plus est, il ose écrire qu'il faut opérer la sécularisation complète des États de l'Église, si on veut préserver le catholicisme d'une ruine prochaine.

Le célèbre Homberg, adversaire de la papauté, aussi convaincu, aussi intrépide que Dœllinger lui-même, propose au chanoine bavarois de convoquer à Munich un congrès de savants catholiques et surtout de théologiens.

— J'accepte votre proposition, répond Dœllinger; et deux mois après, le congrès se trouvait formé; à l'unanimité des membres, Dœllinger fut élu président et prononça, à cette occasion, un long discours qu'il publia sous le titre de : *Le passé et état présent de la théologie catholique* (Munich 1863).

Aussitôt grande colère dans le camp ultramontain : Dœllinger, insulté par les agents de ce parti, accepte la lutte avec courage et la soutient avec une énergie indomptable en publiant la célèbre brochure : *Fables papales du moyen âge*, qui eut un retentissement européen.

XIV

Lors du dernier concile œcuménique que Pie IX convoqua au mois de décembre 1869, Dœllinger rédigea et envoya à la *Gazette d'Augsbourg*, un des journaux allemands les plus anciens et les plus répandus, une longue lettre qui produisit une profonde sensation dans toute l'Allemagne, et éclata comme une bombe au milieu du concile.

Les infaillibilistes poussèrent des cris d'indignation et quelques-uns demandèrent l'excommunication du théologien bavarois. Ceux des évêques qui luttaient encore contre les influences jésuitiques, et repoussaient l'infaillibilité, ne dissimulèrent pas la joie que leur causait le concours de ce terrible auxiliaire armé de tous les arguments de la théologie.

Dœllinger, dans sa lettre qui est un événement de la plus haute importance pour l'histoire du catholicisme et de la papauté dans ces derniers temps, attaque le dogme de l'infaillibilité tour à tour par le ridicule et par les arguments tirés de l'arsenal théologique du catholicisme.

Voici le résumé des points les plus importants de la lettre du chanoine bavarois :

« Jusqu'à présent, dit-il, le catholique disait ou pouvait dire : — Je crois telle ou telle doctrine, parce qu'elle est enseignée par l'Église de tous les temps.

« Parce que l'Église divine a la promesse divine de durer toujours et d'être toujours en possession de la vérité.

« Mais si le concile réuni à Rome accepte et vote le dogme de l'infaillibilité, le catholique devra dire désormais :

« — Je crois que le pape est infaillible, parce qu'il prétend qu'il ne peut pas se tromper. »

Dœllinger ajoute :

« Quatre cents ou six cents évêques réunis à Rome en 1870, ont arrêté que le successeur de Saint-Pierre est infaillible ; mais tous les évêques, même tous les conciles, sauf le pape peuvent se tromper !

« Ne pas pouvoir se tromper est l'apanage exclusif du souverain pontife romain.

« Des évêques, qu'ils soient en grand ou petit nombre, ne sauraient corroborer, ni affaiblir le témoignage du pape.

« Cette déclaration d'infaillibilité n'a, par conséquent, d'autre force que celle que lui a donnée le pape en se l'appropriant.

« Et c'est ainsi qu'en dernière analyse, tout se résout dans le témoignage que le pape se donne à lui-même et qui, assurément, est ce qu'il y a de plus simple. »

On savait bien, dit M. Cayla, à qui j'emprunte ces renseignements, que Dœllinger était un des plus érudits, sinon le premier théologien catholique d'Allemagne, mais on ne l'avait pas encore vu déployer une argumentation si terrible et en même temps si loyale.

Abordant ensuite les arguments et les faits historiques avancés par les partisans de l'infaillibilité, il les attaqua avec une lucidité, une vigueur extraordinaires. Les subtilités et les assertions jésuitiques furent complétement mises à nu.

Depuis Luther, la papauté n'avait pas eu à lutter contre un dialecticien plus convaincu, plus ennemi des superstitions du nouveau catholicisme syllabique procréé par les disciples de Loyola.

Il y eut des cris chez les infaillibilistes, l'échafaudage des adorateurs du pape se trouva un instant ébranlé; mais les jésuites redoublèrent d'activité, d'audace, et, après des débats très-orageux, le dogme de l'infaillibilité fut voté par la majorité.

Il y eut des opposants qui suivirent le mot d'ordre de Mgr Dupanloup, surnommé je ne sais par qui « le Rochefort du concile ». Depuis, l'évêque d'Orléans a abandonné l'innocente manie de jouer au Rochefort; il s'est rallié à l'infaillibilité.

XV

Telle est *grosso modo* la synthèse du mouvement religieux. Jusqu'en 1870, la lutte qui s'était maintenue sur le terrain de la controverse théologique et philosophique, est entrée dans la période militante. Nous n'avons pas à retracer ici les persécutions dirigées depuis quatre ans contre le clergé catholique allemand, parce qu'elles sont connues de tous.

Mais nous avons à bien préciser la situation; elle est celle-ci :

Depuis quatre ans, M. de Bismark fait emprisonner les évêques, fermer les couvents et chasser les religieuses. Il a engagé « un duel à mort » contre l'ultramontanisme où toutes les chances paraissent être pour lui. Le terrible chancelier a calculé avec une sûreté mathématique la force de l'opinion révolutionnaire de l'Europe dont il s'est fait la résultante. Il y a là un trait de génie politique dont il serait puéril de méconnaître la haute portée. Mais, en admettant pour un instant qu'il sorte victorieux de sa lutte contre l'ultramontanisme, le grand somnambule s'apercevra-t-il ensuite qu'à l'époque où nous vivons, le maintien de l'ordre à l'aide de la seule force brutale n'est plus posssible ; encore moins en voulant l'appuyer comme autrefois sur des conceptions fantastiques, c'est-à-dire sur de simples hypothèses d'autant plus vite culbutées que l'examen est plus développé. Pareillement et en face d'une anarchie universelle qui croît avec une intensité égale à la rapidité de la chute des graves tombant dans l'espace, comprendra-t-il qu'une tâche immense incombe à ceux qui, haut placés, aspirent à servir les intérêts de l'humanité?

En termes plus précis, saura-t-il faire droit à l'impérieuse nécessité sociale de notre époque : celle de l'anéantissement du double paupérisme moral et matériel?

Si oui, GLOIRE A LUI.

Si non, MALHEUR A LUI.

C'est pour avoir méconnu cette nécessité que Napoléon III est mort dans l'exil.

Nous sommes donc encore en pleine époque d'ignorance sociale sur la réalité du droit et d'incompressibilité de l'examen. Il nous reste à franchir la dernière étape avant d'arriver à *la connaissance sociale sur la réalité du droit.*

C'est cette époque que le grand chrétien de Maistre entrevoyait, lorsqu'il disait :

« Attendez que l'affinité naturelle de la religion et de la science les réunisse dans la tête d'un seul homme... l'apparition de cet homme ne saurait être éloignée, et peut-être existe-t-il déjà... alors toute la science changera de face ; l'esprit, longtemps détroné et oublié, reprendra sa place. »

CONCLUSION.

L'anthropomorphisme, pour toute humanité possible, est primitivement de *nécessité sociale*. C'est exclusivement sur l'anthropomorphisme que peut alors se baser la transformation de la force en droit, première nécessité sociale, dès que la force brutale devient impuissante pour maintenir l'ordre au sein de la société.

L'anthropomorphisme est attaqué par l'examen,

La société, toute société, au sein de toute humanité possible, doit donc commencer par proscrire l'examen du droit.

Mais il y a deux espèces d'examen : l'un individuel, intérieur; l'autre se manifestant à l'extérieur, soit par la parole, soit par l'écriture.

La première espèce d'examen, l'examen individuel peut être plus ou moins empêché par une éducation imposée, faisant accepter que l'examen du droit est un crime, et par l'exploitation des masses sous le joug des minorités.

La seconde espèce d'examen, l'examen manifesté à l'extérieur, est alors facilement empêché par une inquisition.

Une inquisition nécessite des inquisiteurs. Les inquisiteurs se considèrent comme au-dessus de l'inquisition. Ils examinent. Ils se communiquent même les résultats de leur examen, ne fût-ce que pour connaître ce qui peut saper le droit ; ce qui peut détruire l'inquisition ; ce qui peut soustraire au joug, les masses qu'ils exploitent.

— Que résulte-t-il de cet examen primitivement fait par tout sacerdoce, et alors toujours concentré dans les temples?

— La doctrine que vous avez vue, formulée par l'Ecclésiaste, formulée par un membre de l'Institut de France, et définitivement formulée par la science tout entière : *le matérialisme.*

Tant que l'examen peut être socialement comprimé par une inquisition ; tant que l'examen reste concentré chez les exploiteurs ; le despotisme contient facilement les tendances anarchiques du matérialisme.

Cependant, et même avant la naissance de la presse, il y a des circonstances sociales qui rendent le despotisme impuissant pour contenir les tendances anarchiques du matérialisme. C'est lorsque la propriété cesse d'être suffisamment concentrée par la primogéniture ; lorsque la féodalité nobiliaire, la féodalité de l'épée, fait place à la féodalité financière, à la féodalité des écus. Alors, plusieurs de ceux qui ont reçu l'instruction matérialiste, tombent souvent dans les masses exploitées, après avoir perdu leurs propriétés, et y deviennent les principaux agents révolutionnaires.

C'est ce qui est arrivé en Grèce, à Tyr, à Carthage, à Rome, etc., etc.

Mais, lorsque la presse n'est point encore née ou lorsqu'elle n'est point encore rendue indestructible par son établissement au sein d'une multitude de nations, toujours ennemies ; le besoin d'ordre fait bientôt rétablir une foi nouvelle, une inquisition nouvelle, un nouveau despotisme profitant des fautes de ses devanciers pour anéantir la féodalité financière, et ressusciter la féodalité nobiliaire.

Je viens de dire que la presse peut seulement empêcher la compression de l'examen, lorsqu'elle est rendue indestructible au sein d'une multitude de nations toujours ennemies, et protégeant la presse chez elles lorsqu'elle est persécutée ailleurs.

En effet, la presse est née en Chine des siècles et des siècles avant de naître en Europe. Qu'a fait le sacerdoce matérialiste des Chinois pour se préserver de l'anarchie des masses en danger de se soustraire au despotisme anthropomorphique ?

Il a isolé la Chine.

Il a doublé la force de son inquisition.

Il a rendu son alphabet tellement compliqué, qu'il faut la vie d'un lettré pour parvenir à lire, pour parvenir à examiner.

Il a poussé l'exploitation des masses à un tel point que les enfants des pauvres servent souvent de pâture aux pourceaux.

Si la Chine était restée isolée; si elle n'avait point admis de chrétiens, les plus dangereux des révolutionnaires quand ils ne sont point dominateurs; la Chine, sous son despotisme, ne se trouverait point en proie à l'anarchie.

Mais, une fois que la presse a projeté ses racines au sein de toutes les nations, et pour ainsi dire jusqu'au centre du globe; une fois que les nations sont en contact par la guerre et par le commerce, par la poudre à canon et par la boussole; prétendre comprimer socialement l'examen, c'est prétendre, je le répète, à éteindre le soleil.

Et, le résultat de l'examen c'est le matérialisme. Et, le résultat du matérialisme, c'est l'anarchie, c'est la mort sociale.

Voyons, maintenant, sur quoi se base le matérialisme, pour oser se proclamer scientifique.

Mais auparavant, un mot sur ceux qui composent la société officielle, celle qui se gratifie du titre de « classe dirigeante. »

La société officielle se compose :

1. De littérateurs;

2. De savants.

3. De ceux qui n'ayant souci ni des littérateurs, ni des savants, n'ont d'occupation sérieuse que d'amasser des écus et de se mettre à l'abri du procureur de la République, ce qui n'empêche point beaucoup de ceux-ci d'avoir des connaissances plus ou moins étendues sur ce que savent et les littérateurs et les savants.

Les premiers, sont les philosophes, les seconds, les docteurs, les derniers, ce sont « les hauts barons de la houille et du fer » comme on dit depuis 1848.

La noblesse et le clergé n'existent plus, comme castes à part dans la nation. Socialement, ils appartiennent à l'une des catégories précédentes : la noblesse est bourgeoise; et la partie des anthropomorphistes qui prétend encore au gouvernement de la société, s'appuie elle-même sur l'examen et doit compter, soit parmi ceux qui se disent philosophes, soit parmi ceux qui se disent savants.

Les philosophes, les métaphysiciens, les littérateurs sont généralement ignorants comme des carpes sur tout ce qui est science mathématique ou sciences dites naturelles. Parler physiologie à ces Messieurs, c'est leur parler kamchadale. Ils s'imaginent que la physiologie n'est bonne que pour les Diafoirus. Est-ce qu'un philosophe, un littérateur, un métaphysicien s'occupe de ces balivernes? Pour prouver qu'ils sont au-dessus de pareilles niaiseries, ils disent avoir lu : les grecs, les latins, les anglais, les français, voire même les indous; mais dix-neuf, sur vingt, sont des érudits à la violette, dont le savoir se borne à pouvoir citer des vers de Virgile. Pour eux il n'y a ni vrai ni faux, il n'y a que du style.

Écrire comme Chateaubriand ou Lamartine, est le *nec plus ultrà* de toute gloire. Forcez le bon Dieu, comme Chateaubriand, à fabriquer un vieux monde avec de vieux chênes et de vieux pigeons; ou comme Lamartine, osez faire penser les huîtres et le cristal, pourvu que ce soit en belle prose et que cela résonne comme Paganini, vous avez la science infuse et serez capables d'être présidents, rois, empereurs ou dictateurs. Ces gens-là se moquent de l'anthropomorphisme, comme du panthéïsme, mais, ils écrivent dans les journaux de toutes les couleurs, et y feront des tartines analogues à chaque couleur. Vous concevez qu'il y a de nombreuses exceptions, mais ceux qui font partie de ces exceptions ne sont point logiques; — s'ils l'étaient, ils feraient des tartines.

Les docteurs, je parle de ceux ès-sciences ou en médecine, les autres appartenant à la littérature; les docteurs, dis-je, sont aussi ignorants sur ce qui a été dit en philosophie, que les philosophes le sont sur ce qui a été dit dans les sciences naturelles. Les philosophes et les docteurs se méprisent souverainement les uns les autres; et ils ne se doutent point que les uns et les autres méritent plus de pitié que de mépris. Parlez-leur de création, de trinité, d'incarnation, ils se moqueront de vous. Mais ils soutiendront *urbi et orbi* : qu'une machine peut être libre, et qu'une proposition ne peut être vraie, qu'à condition que la proposition contraire le soit également. Interrogez-les sur l'origine du verbe, sur les développements du verbe;

demandez-leur s'il y a des idées matérielles et des idées intellectuelles; si le développement du verbe est nécessaire à l'existence des idées intellectuelles et de la mémoire intellectuelle; si cette dernière mémoire est nécessaire à la liaison des idées, à l'existence dans le temps; si, chez un homme élevé dans l'isolement, le développement du verbe et l'existence dans le temps sont possibles? Ils s'empresseront, s'ils sont les maîtres, de vous ouvrir un cabanon. Et, si un conseil de famille a besoin d'un certificat pour vous faire interdire, ils le signeront des deux mains. Du reste, ils sont matérialistes, mais une fois au pouvoir ils feront des tirades sur la religion et suivront les processions un cierge à la main.

« Le haut baron de la houille et du fer » ne pense qu'à engraisser. N'allez pas lui parler d'anthropomorphisme ou de panthéisme, vous troubleriez sa digestion, et il vous aurait en horreur. Essayez de lui faire comprendre que, de la question religieuse dépend la conservation de sa bourse et même de sa tête, il vous appellera ou jésuite ou communard. Son Dieu, c'est sa caisse. Du moment qu'elle s'emplit, il est conservateur; du moment qu'elle se vide, il est révolutionnaire.

Maintenant, je reprends ma phrase interrompue et je dis :

— Sur quoi se base le matérialisme pour oser se proclamer scientifique?

— Je l'ai déjà dit dans ma lettre à M. Duboul sur la série continue des êtres.

— Et, que faut-il pour que la série continue des êtres soit brisée?

— Que chez ce chien qui vous caresse, etc., etc., et je dis, etc., pour m'éviter de faire de la sensiblerie que vous vous modulerez mieux que moi; que chez ce chien, dis-je, il n'y ait que *sensibilité apparente et non réelle;* que ce ne soit qu'un automate, une machine...

Cela vous révolte? Mais, votre science selon M. Littré fait penser les champignons; et selon Proudhon, veut que deux et deux ne puissent faire quatre, qu'à condition que tout ce qui ne sera pas quatre sera quatre. Et cette prétendue science qui aime tant les observations, se fait battre par M. de Mirville, qui lui prouve, par des observations, que sur notre globe, atmosphère compris, il y a plus de diables, de lutins, de farfadets, etc., que tous les savants panthéïstes réunis n'ont de cheveux sur la tête, et ils en ont beaucoup. Est-ce moins ridicule? Du reste, il ne s'agit point ici de ridicule, il s'agit d'ORDRE. Pour que le matérialisme ne soit point vérité, il faut que la sensibilité de tout ce qui n'est pas *homme* soit ILLUSOIRE. C'est à prendre ou à laisser. Je sais bien que, pour quatre-vingt-dix-neuf sur cent d'entre vous, que le matérialisme soit vérité ou ne le soit pas, vous vous en moquez comme de votre première chemise. Mais, il y a ici une petite observation qui pourrait bien ne vous être point aussi indifférente, c'est que la conséquence du matérialisme, mis en présence de l'incompressibilité de l'examen, c'est le poignard et la torche des révolutions continuellement prêts à vous poignarder et à vous incendier. Cela vous convient-il? Si cela vous amuse, je serais désespéré de vous déranger. Si, au contraire, cela commence à vous troubler l'appétit, si vous entrevoyez qu'il peut y avoir quelque chose de mieux à faire que de chercher à engraisser; si, par hasard, vous avez le moindre prurit de parler sérieusement, alors je suis tout à vous et très-volontiers!

Tous les grands hommes contemporains de Descartes *croyaient* à l'automatisme des animaux. Vous avez progressé, je n'en doute pas, vous valez infiniment mieux que Pascal et Galilée, j'en suis persuadé. Aussi je ne vous demande point de *croire* et je voudrais vous empêcher de croire que le raisonnement peut avoir lieu sans raisonneur. Ce que je vous demande dès l'abord, c'est de *savoir* que le *non-automatisme des animaux implique l'anarchie, en présence de l'incompressibilité de l'examen.*

Après cela, et si vous me faites l'honneur de me le demander, je vous prouverai, à votre satisfaction, fussiez-vous aussi entêtés que des mulets de Provence, pourvu que vous sachiez lier deux idées et que vous ayez la bonne foi d'en convenir, je vous prouverai, dis-je, d'une manière rationnellement incontestable que la sensibilité du chien et aussi la sensibilité du cristal sont purement apparentes; si cependant il est permis, sans être poëte, d'affirmer que le cristal est sensible d'une manière apparente.

Je ferai plus, s'il est possible de faire plus que de prouver rationnellement, incontestablement, je mettrai ceux d'entre vous qui voudront bien me faire l'honneur de me le demander, à même d'avoir, expérimentalement, la preuve de ce que j'avance. *Expérimentalement!!* hein! que c'est joli pour des positivistes!

Après cela, messieurs! si vous n'êtes pas contents, vous prendrez des cartes.

— Ils en prendront.

Jamais anthropomorphiste, dont le point de départ est que *faire quelque chose de rien* est rationnel; jamais matérialiste, dont le point de départ est *qu'un raisonnement sans raisonneur* est rationnel, ne pourront s'imaginer qu'ils raisonnent mal. Tout ce que vous argumenterez à cet égard, sera, dirait un tourlourou, comme si vous chantiez *Malborough* sur l'air de *femme sensible.* Raisonner avec eux, c'est vouloir blanchir un nègre en le savonnant.

— « Never a man, dit Willis, cité par de Maistre, was reasoun'd out of his religion (jamais homme n'a été chassé de sa religion par le raisonnement.)

Les sentiments, les préjugés, en époque d'ignorance, ne cèdent qu'à d'autres sentiments, qu'à d'autres préjugés. Vis-à-vis du seul raisonnement, ils meurent dans l'impénitence finale. C'est la seule anarchie, portée à un point suffisant, qui peut faire reconnaître, aux enfants de ceux qu'elle aura fait périr, que les sentiments, les préjugés, doivent fléchir devant le raisonnement.

Alors, laissons passer l'anarchie!

Alors laissons passer la justice de Dieu!

Tout est bien;

Puisque : « L'ORDRE MORAL, *c'est l'harmonie éternelle entre la liberté des actions et la fatalité des événements* », c'est-à-dire entre le bien et sa récompense, le mal et sa punition.

FIN.

PARIS. — IMP. DE VICTOR GOUPY, RUE GARANCIÈRE, 5.

www.ingramcontent.com/pod-product-compliance
Ingram Content Group UK Ltd.
Pitfield, Milton Keynes, MK11 3LW, UK
UKHW020429220726
13923UKWH00005B/2151